AF312030

CATALOGUE

DES

LIVRES D'HISTOIRE NATURELLE

ET DE LITTÉRATURE

ORNÉS DE FIGURES COLORIÉES

COMPOSANT

LA BIBLIOTHÈQUE DE FEU M. CH. K.

La vente aura lieu le lundi 19 octobre 1874 et jour suivant

A SEPT HEURES ET DEMIE DU SOIR

Rue des Bons-Enfants, 28, maison Silvestre

SALLE Nº 1

Par le ministère de Mᶜ DELBERGUE-CORMONT, commissaire-priseur

Rue de Provence, 8

PARIS

ADOLPHE LABITTE

LIBRAIRE DE LA BIBLIOTHÈQUE NATIONALE

4, RUE DE LILLE, 4

1874

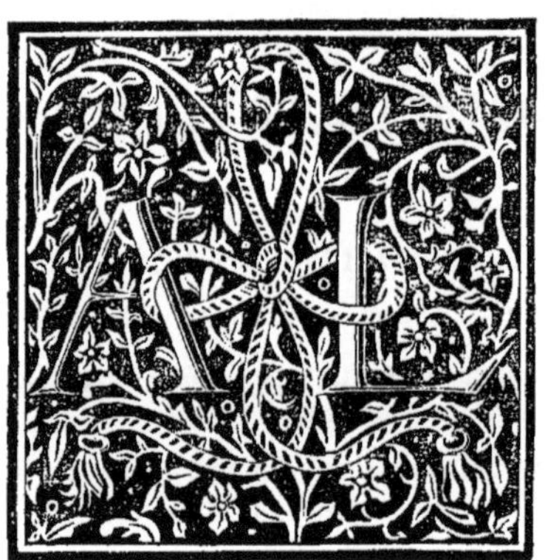

Paris. — Typ. G. Chamerot, rue des Saints-Pères, 19.

CATALOGUE
DES LIVRES

D'HISTOIRE NATURELLE ET DE LITTÉRATURE

ORNÉS DE FIGURES COLORIÉES

COMPOSANT

LA BIBLIOTHÈQUE DE FEU M. CH. K.

SCIENCES NATURELLES.

I. GÉNÉRALITÉS.

1. Dictionnaire des sciences naturelles. *Paris*, 1816-1830, 61 forts vol. ornés de 500 planches de botanique et d'un grand nombre d'autres peintes par Ch. Kœnig ; demi-rel.

2. Nouveau Dictionnaire d'histoire naturelle. *Paris*, 1816-1819, 36 vol. ornés de 261 planches représentant au-delà de 3,000 sujets; demi-rel.

3. Dictionnaire universel d'hist. naturelle, par d'Orbigny. *Paris*, 1841-1849. 13 forts vol. grand in-8, ornés de 485 planches coloriées et retouchées au pinceau représentant au-delà de 1,200 sujets et contenant à la suite de chaque vol. une table alphabétique manuscrite des figures qui s'y rapportent ; demi-rel. *bas.*

4. Dictionnaire pittoresque d'hist. naturelle, par Guérin. *Paris*, 1833-1836. 9 vol. gr. in-8, ornés de 720 planches coloriées représentant 2,557 sujets; demi-rel.

5. Dictionnaire technologique d'histoire naturelle, par Jourdan. *Paris*, 1834. 2 vol. in-8; demi-rel.

6. Atlas encyclopédique d'histoire naturelle, par Pagès. *Paris, an VII.* In-4° composé de 51 planches doubles et de 11 grands tableaux de classification ; demi-rel.

7. OEuvres complètes de Buffon par MM. Pourrat frères, A. Richard, suivies du complément par Cuvier. *Paris*, 1833-1834. 24 vol. in-8, demi-rel. ornés d'un grand nombre de planches coloriées.

8. Collection des planches de la première édition originale de Buffon. 2 forts volumes grand in-fol., contenant 508 planches coloriées et retouchées au pinceau, suivies d'une table alphabétique; reliure en veau.

Quelques planches sont remontées.

9. Suites à Buffon par Lesson. *Paris, Roret,* 1834-1837. 10 vol. in-8, ornés de 119 planches coloriées et retouchées au pinceau; demi-rel.

10. Naturgeschichte (Esquisses d'histoire naturelle), par Séligmann et Meyer. *Nuremberg*, 1748. 1 vol. in-fol., orné de 95 planches coloriées et 6 planches noires, demi-rel.

11. Curiosités d'histoire naturelle, par Blumenbach (texte allemand). *Gœttingen*, 1810. In-8, orné de 89 planches noires et 11 coloriées; demi-rel.

12. Amusements microscopiques, par Ledermuller. *Nuremberg*, 1764. 3 volumes in-4° réunis en un seul, orné de 159 planches coloriées, veau.

13. Éléments des sciences naturelles, par Duméril. *Paris*, 1826. 2 vol. in-8, ornés de 33 grandes planches représentant 659 sujets ; demi-rel.

14. Allgemeine Naturgeschichte, von Oken. *Stuttgard*, 1833-1841 (texte allemand). 12 vol. in-8 avec atlas grand in-4°, composé de 168 planches, dont 38 noires représentant 835 sujets, et 130 coloriées représentant 3,130 sujets; cartonnés.

15. Cours pittoresque d'histoire naturelle, par M. P. Oudart. *Paris*, 1838. 1 volume grand in-4° composé de 120 planches représentant 730 sujets; cartonné.

16. Tableaux d'histoire naturelle, par Schubert. *Stuttgard et Esslingen*, 1846 (texte allemand et français). 1 vol. grand in-4°, orné de 60 planches doubles coloriées représentant 658 sujets.

17. Leçons élémentaires d'histoire naturelle, par Chenu. *Paris*, 1847. 1 vol. grand in-8° illustré d'au-delà de 1,200 vignettes insérées dans le texte.

18. Précis d'histoire naturelle, par J. Baumann. *Lucerne*, 1847 (texte allemand). In-8°, orné de 284 figures coloriées insérées dans le texte; demi-rel.

19. Manuel des trois règnes de la nature, par Gistel et Bromme. *Stuttgard*, 1850 (texte allemand). 1 fort vol. in-8°, orné de 48 planches coloriées représentant 510 sujets; cartonné.

20. Les Trois Règnes de la nature. *Vienne*, 1850 (texte allemand). 1 vol. petit in-fol. oblong, orné de 24 planches coloriées représentant 235 sujets; cartonné.

21. Natur-und Menschenwelt, par E. Süskind. *Stuttgard*, 1858 (texte allemand). 1 fort vol. in-8°, demi-rel., orné de 20 doubles planches coloriées.

22. L'Art de rassembler, de préparer, de conserver et d'envoyer les diverses curiosités d'histoire naturelle. *Lyon*, 1758. 1 vol. orné de 25 planches; demi-rel.

2. GÉOLOGIE.

23. La Géologie et la Minéralogie, par Buckland,
traduit de l'anglais. *Paris*, 1838. 2 vol. in-8°,
ornés de 68 planches, y compris une grande carte
géologique coloriée ; reliure à la Bradel.

24. Éléments de minéralogie, par Girardin et Lucy.
Paris, 1837. 2 vol. ornés de 7 grandes planches ;
demi-rel.

25. Cours élémentaire de géologie, par Huot. *Paris,
Roret*, 1837-1839. 2 forts vol. in-8° demi-rel.,
ornés de 24 planches.

26. La Terre avant le déluge, par Figuier. *Paris,
Hachette*, 1863. 1 vol. contenant 26 vues idéales
de l'ancien monde, 7 cartes géologiques coloriées
et 310 vignettes ; demi-rel.

27. La Terre, par Élisée Reclus. *Paris, Hachette,*
1868, gr. in-8°, demi-rel. (*Fig.*)

28. La Terre et les mers, par Figuier. *Paris, Hachette,*
1864. In-8°, orné de 170 vignettes et de 20 cartes
physiques ; demi-rel.

29. Géologie de l'Islande, par P. Gaimard. *Paris*,
1840. 1 fort vol. orné de 36 planches ; demi-rel.

30. Lethæa geognostica, auctore M.-G. Bronn. *Stuttgard*, 1835-1838 (texte allemand). 2 vol. in-8°
avec atlas grand in-4° contenant 47 planches représentant 800 sujets ; cartonnés.

31. Fossiles du grès bigarré des Vosges, par Schimper.
S. l. n. d., 1 vol. in-4°, orné de 29 planches colo-
riées et retouchées au pinceau ; demi-rel.
Il n'y a pas de titre.

32. Histoire naturelle des animaux fossiles, par F.-J.
Pictet. *Genève*, 1844 et *Paris*, 1845. 2 vol. in-8°,
ornés de 38 planches ; demi-rel.

33. Description des coquilles fossiles des environs
de Paris, par G.-P. Deshayes. *Paris*, 1824-1837.
2 vol. de texte et 1 vol. d'atlas, contenant
167 planches représentant 3,115 sujets ; demi-rel.

34. Histoire des végétaux fossiles, par Adolphe
Brongniart. *Paris, Masson*, 1828-1836. 2 volumes grand in-4° dont 1 vol. d'atlas, contenant
169 planches représentant environ 900 sujets ;
reliure à la Bradel.

35. Schmidt, Petrefaktenbuch. *Stuttgard*, 1855 (texte
allemand). 1 vol. in-4°, orné de 64 planches dont
56 coloriées représentant au-delà de 400 sujets ;
cartonné.

36. Atlas d'histoire naturelle pour les minéraux,
les mollusques et les zoophytes. *Paris, Roret*,
1 vol. in-18, demi-rel., composé de 106 planches
coloriées représentant 494 sujets.

37. Tableaux de crystallographie. 1 volume orné de
11 planches doubles ; ancienne demi-rel.

3. BOTANIQUE.

38. Exercices de botanique, par Philibert. *Paris*,
1801. 2 vol. ornés de 157 planches coloriées ;
cartonnés.

39. Nomenclator botanicus, auctore Steudel. *Stuttgard et Tubingen*, 1840-1841 (texte latin). 2 volumes in-4°, demi-rel.

40. Leçons élémentaires de botanique par Le Maout.
Paris, Garnier, s. d., gr. in-8, fig. col.

41. Matthioli Historia plantarum. *Venise*, 1565.
1 fort vol., orné de 100 figures sur bois, avec an-
notations de Ch. Kœnig ; cart. (*Manque le titre.*)

42. Tabernæmontani Kræuterbuch (Histoire des
plantes de Tabernæmontanus). *Bâle*, 1687 ; (texte
allemand). 1 fort vol. contenant au-delà de

3,ooo figures sur bois. Annoté par Ch. Kœnig ;
cartonné.

43. La Botanique populaire, par Schmidlin. *Stuttgard*, 1857 (texte allemand). 1 fort vol., orné de
62 planches coloriées représentant au-delà de
1,ooo sujets ; reliure à la Bradel.

44. La Maison des champs, par Pflugner. *Paris*,
1819. 4 vol. in-8, ornés de 12 planches doubles;
demi-rel.

45. Les Plantes et leur vie, par Schleiden. *Leipsick*,
1864 (texte allemand). 1 vol. in-8 , orné de
14 planches noires et de 6 planches coloriées ;
broché.

46. Gloxin. Observationes botanicæ. *Strasbourg*,
1785 (texte latin). 1 vol. in-4°, orné de 3 planches
doubles; demi-rel.

47. Analyses botaniques, par Richard. *Paris*, 1811.
1 vol. in-4°, orné de 6 planches doubles; demi-
reliure.

48. Botanical register, années 1833, 34 et 35 (texte
français). 1 vol. grand in-4°, orné de 38 planches
coloriées et retouchées au pinceau, représentant
272 sujets ; cartonné.

49. Botanical Cabinet and British Flowergarden. Années 1833, 34 et 35 (texte français). 1 vol. grand
in-4°, orné de 36 planches coloriées et retouchées
au pinceau représentant 212 sujets ; cartonné.

50. J. C. Loudon's Encyclopedie der Pflanzen.
Jena, 1836 à 1839 (texte allemand). 2 vol., ornés
de 30 planches noires et de 153 planches coloriées, ces dernières représentant environ 7,ooo sujets ; demi-rel.

51. Herbier de l'amateur, par Loiseleur-Deslong-
champs. *Paris, Audot*, 1839. 2 vol. ornés de
166 planches coloriées et retouchées au pinceau,
réunies en 1 seul volume in-4; demi-rel.

52. Flore des serres et des jardins d'Europe, par Van Houtte. *Gand*, 1845-1868. 17 tomes en 19 vol. grand in-8, ornés d'un grand nombre de figures en noir et de 2,185 planches coloriées et retouchées au pinceau ; demi-rel. mar. v.

Le tome Ier, 2e partie, manque.

53. Le Jardin fleuriste, par Ch. Lemaire. *Gand*, 1851-1854, 4 forts vol. gr. in-8, ornés de 430 planches coloriées et d'un grand nombre de vignettes ; demi-rel. mar.

54. La Belgique horticole, par Morren. *Liége*, 1853, 1 vol. grand in-8, orné d'un grand nombre de figures en noir et de 24 planches coloriées et retouchées au pinceau ; demi-rel. mar.

Tome III de la collection.

55. L'Illustration horticole, par Ambr. Verschaffelt. *Gand*, 1854-1869, 16 vol. grand in-8, reliés en 8, ornés d'un grand nombre de planches coloriées et retouchées au pinceau ; demi-rel.

56. Illustrirte Gartenzeitung. *Stuttgard*, 1857-1868 (texte allemand). 6 vol. grand in-8, ornés de 140 planches coloriées et retouchées au pinceau ; demi-rel. mar.

57. Les Arbres et arbustes indigènes de l'Europe, par Oelhafen. *Nuremberg*, 1767 (texte allemand). 1 vol. orné de 55 planches coloriées ; quelques planches manquent.

58. Traité des arbres et arbustes, par Duhamel. 7 vol. grand in-fol., ornés de 500 planches coloriées, d'après les dessins de Redouté et Bessa, plus un 8e vol. contenant deux tables alphabétiques, latine et française ; reliure à la Bradel. Non rogn.

59. Collection de 100 espèces de mousses de la Suisse, recueillies par Seringe. *Berne*, 1809. 1 vol. in-8, demi-rel.

60. Lichens recueillis par le professeur Chevalier.
1 vol. contenant 105 échantillons ; cartonné.

61. Les Algues de l'Écosse, recueillies par Chalmers.
Glascow, 1826. 1 fascicule grand in-4 contenant
57 espèces.

62. Les Champignons de l'Allemagne, par Sturm.
Nuremberg, 1817-1837 (texte allemand), 3 vol.
in-12, demi-rel., ornés de 224 planches coloriées.

63. Naturgetreue Abbildungen und Beschreibungen
der essbaren, schædlichen und verdæchtigen
Schwæmme, von J. V. Krombhloz (Histoire des
agarics et champignons comestibles et vénéneux
(par Krombholz). *Prague*, 1831. 3 vol. réunis en
un seul ; plus 1 vol. d'atlas contenant 76 planches coloriées et retouchées au pinceau, représentant au-delà de 3,000 sujets ; demi-rel. mar.

64. Histoire naturelle des végétaux phanérogames,
par Spach. *Paris, Roret*, 1834-1848. 15 vol. in-8,
ornés de 110 planches coloriées ; demi-rel.

65. Collection de Camellias, par Ch. et Nap. Baumann. *Bollviller*, 1829. 1 vol. grand in-4, orné
de 61 planches coloriées et retouchées au pinceau ; demi-rel.

66. Les Geranium de Linné. *Weimar*, 1801 (texte
allemand). 1 vol. in-4, orné de 23 planches coloriées ; demi-rel.

67. Les Tulipes, jacinthes, œillets, renoncules, etc.
S. l. n. d. 1 volume grand in-fol., contenant
130 planches coloriées et retouchées au pinceau ;
demi-rel.

68. Monographie du genre Erica, par Andrews.
Londres, 1804-1809 (texte anglais). 5 vol. grand
in-8, ornés de 250 planches coloriées et retouchées au pinceau, suivis d'une table alphabétique manuscrite ; demi-rel.

69. Flore forestière, par Dietrich. *Iéna*, 1840 et 1841 (texte allemand). 2 vol., ornés de 365 planches coloriées; demi-rel.

70. Herbier des Alpes, collection de 200 plantes recueillies dans les montagnes avoisinant le Mont-Blanc, par Payot de Chamonix; in-folio cartonné.

71. Les Fruits à pepins de l'Allemagne. *Leitmeritz*, 1833 à 1837, *et Prague*, 1842 (texte allemand). 3 vol. ornés de 70 planches coloriées et retouchées au pinceau, représentant 280 fruits divers; demi-rel.

72. La Flore allemande, par Lincke (texte allemand). 2 forts vol. in-8, ornés de 403 planches coloriées, représentant 2,032 sujets, suivis d'une table alphabétique manuscrite; demi-rel. (*Titre manque.*)

73. Histoire des plantes du Palatinat, par J.-A. Pollich (texte latin). *Mannheim*, 1776-1777. 3 volumes in-8, demi-rel.

74. Description des Plantes de l'Amérique, par Plumier. *Paris*, 1693. 1 vol. grand in-fol., orné de 108 planches; reliure en veau.

75. Les Plantes vénéneuses, par Riecke (texte allemand). *Stuttgard*, 1845, in-4, carte. 72 figures coloriées.

4. ZOOLOGIE.

a. *Introduction, Mammalogie, Ornithologie, Reptiles, Cétacés.*

76. LE RÈGNE ANIMAL, par G. Cuvier. *Paris, Fortin, Masson et C*. 20 vol. grand in-8, ornés de 125 planches noires et 869 planches coloriées et retouchées au pinceau, ces dernières représentant 3,146 sujets; demi-rel. mar.

77. Règne animal, disposé en tableaux méthodiques, par Ach. Comte. *Paris, Masson*, 1840. 2 vol. in-fol. demi-rel.

78. Essai de Zoologie générale, par Geoffroy Saint-Hilaire. *Paris*, 1841, 1 vol. in-8, demi-rel., orné de 8 planches, dont 6 coloriées.

79. Fauna etrusca Rossii. *Helmstadt*, 1795-1807 (texte latin). 2 vol. in-8, ornés de 11 planches coloriées, représentant 140 sujets; cartonnés.

80. Reichenbach. Recueil des sujets les plus intéressants du règne animal. *Leipsick*, 1835 (texte allemand). 1 vol. in-4, orné de 80 planches coloriées représentant 900 sujets ; cartonné.

81. Histoire naturelle des mammifères, par Gmelin. *Mannheim*, 1809 (texte allemand). 1 vol. in-8, orné de 26 planches coloriées représentant 73 sujets ; cartonné.

82. Les Mammifères, représentés et décrits d'après nature, par Schreber. *Erlangen*, 1775-1792 (texte allemand). 5 forts vol., ornés de 500 planches coloriées; demi-rel.

83. Histoire naturelle des Oiseaux, par Albin. *La Haye*, 1750. 3 vol. grand in-4, ornés de 306 estampes coloriées et retouchées au pinceau, maroquin rouge, dent; doré sur tranches.

84. Les Oiseaux avec leurs nids et leurs œufs, par Schinz. *Zurich*, 1819 (texte allemand). 1 vol. grand in-4, orné de 73 planches coloriées, représentant 393 sujets ; demi-rel.

85. Histoire naturelle des reptiles, par Duméril. *Paris, Roret*, 1834-1844. 6 forts vol. in-8; brochés.

86. Atlas des amphibies, par Schlegel. *Dusseldorf*, 1837-1844. In-fol. cart. 50 figures coloriées.

87. Histoire naturelle des cétacés, par M. F. Cuvier. *Paris, Roret*, 1836. 1 fort volume in-8, demi-rel. orné de 22 planches coloriées.

b. *Animaux invertébrés (Crustacés, Insectes, Mollusques, Zoophytes).*

88. Histoire naturelle des animaux invertébrés, par Lamarck. *Paris, J.-B. Baillière*, 1835-1845, 11 forts vol. in-8; brochés.

89. Histoire naturelle des crustacés, par Milne Edwards. *Paris, Roret*, 1834-1837. 3 vol. in-8 et rel., ornés de 44 planches coloriées, représentant environ 600 sujets.

90. Panzer. Fauna Germaniæ, ou Histoire des crustacés terrestres et d'eau douce, des arachnides et des insectes. 5 vol. contenant 429 planches coloriées, représentant 4,441 sujets, avec les feuillets du texte latin en regard, les espèces annotées et ramenées à la nomenclature actuelle, par Ch. Kœnig ; demi-rel.

Cet ouvrage, remonté sur feuilles in-fol., n'a point de titres. On y joint 3 vol. in-12 de tables.

91. Bibliographie entomologique, par A. Percheron. *Paris, Baillière*, 1837. 2 vol. in-4, br.

92. Histoire naturelle des insectes, par J. Gœdært. *Amsterdam*, 1700, 3 vol. pet. in-8, vélin, réunis en un seul, ornés de 143 planches coloriées, représentant 450 sujets.

93. Histoire des insectes de l'Europe, dessinés d'après nature, par Marie-Sibylle Mérian. *Amsterdam*, 1730. 1 vol. grand in-fol., orné de 93 planches coloriées; reliure en veau.

94. Mémoires pour servir à l'histoire naturelle des insectes, par Réaumur. *Paris*, 1734-1742. 6 forts vol. in-4, ornés de 297 planches doubles, représentant 3,688 sujets; veau.

95. Récréations entomologiques, par A.-J. Rösel,
peintre en miniature. *Nuremberg*, 1746-1761
(texte allemand). 4 forts vol., ornés de 290 planches coloriées, représentant 2,130 sujets; reliure
en veau.

96. Historia insectorum Johnstonii. *Heilbronn*, 1757
(texte latin). 1 vol. pet. in-fol., orné de 28 planches, représentant 1,442 sujets; demi-reliure.

97. Histoire naturelle des insectes, par Swammer-
dam. *Paris*, 1758. 1 fort vol. in-4, orné de
36 planches; veau.

98. Histoire des insectes, par Geoffroy. *Paris*,
1762. 2 vol. ornés de 22 planches; reliure moderne.

99. Traité des insectes, par Schæffer. *Regensbourg*,
1764 à 1779 (texte allemand). 3 vol. reliés en
2 vol. grand in-4, ornés de 48 planches coloriées,
représentant 536 sujets; demi-rel. mar.

100. Les Insectes indigènes des environs de Ratisbonne, par J.-C. Schæffer. *Regensburg*, 1766;
texte latin et allemand. 3 vol. contenant
280 planches coloriées, représentant au-delà de
3,000 sujets, dont la majeure partie a été rame-
née à la nomenclature actuelle; demi-rel.

101. Elementa entomologiæ, auctore Schæffer.
Ratisbonne, 1777 (texte latin et allemand). 1 vol.
contenant 140 pages coloriées, représentant
583 sujets.

102. Archives entomologiques de Jean-Gasp. Fuessly.
Zurich, 1781-1785 (texte allemand). Plusieurs
fascicules reliés en un fort vol., orné de 54 planches coloriées, représentant 531 sujets ramenés
à la nomenclature actuelle, suivies d'une table alphabétique, par Ch. Kœnig; demi-rel.

103. Supplément à l'Histoire des insectes, par
A.-W. Knoch. *Leipsick*, 1781 (texte allemand).

1 vol. orné de 19 planches coloriées, représentant 184 sujets, demi-rel.

104. Histoire naturelle des insectes indigènes et exotiques, par J.-G. Jablonski, continuée par Herbst. *Berlin*, 1785 à 1804 (texte allemand). 21 vol. in-8, accompagnés de 6 vol. d'atlas oblong in-4, contenant 426 planches coloriées, représentant 4,740 sujets, avec la nomenclature actuelle des insectes coléoptères, par Ch. Kœnig, suivie d'une table alphahétique par le même; reliure moderne.

105. Genera insectorum, auctore J.-J. Rœmer. *Winterthur*, 1789 (texte latin). 1 vol. in-4, orné de 37 planches coloriées, représentant 545 sujets, accompagné de notes de Ch. Kœnig; cartonné.

106. Suite des Récréations entomologiques, par C.-F.-C. Kleemann. *Nuremberg*, 1792-1793 (texte allemand). 2 vol. in-4, ornés de 60 planches coloriées, représentant 432 sujets; veau.

107. Horæ entomologicæ, auctore Toussaint de Charpentier. *Varsovie*, 1825 (texte en latin). 1 vol. in-4, orné de 9 planches coloriées, représentant 93 sujets; cartonné.

108. Ichneumologia Europæa, auctore Gravenhorst. *Varsovie*, 1829 (texte latin). 3 forts vol. in-8; demi-rel.

109. Histoire des insectes, faisant suite à Buffon, par Guérin. *Paris, Roret*, 1830, 11 vol. in-12, ornés d'un très-grand nombre de planches coloriées; brochés.

110. Introduction à l'entomologie, par Lacordaire. *Paris, Roret*, 1834-1838. 2 vol. ornés de 24 planches, dont 3 coloriées, ces dernières représentant 40 sujets; demi-rel.

111. Genera des insectes, par Guérin et Percheron. *Paris, Baillière*, 1835-1838. 1 vol. grand in-8,

orné de 60 planches coloriées et retouchées au pinceau ; reliure à la Bradel.

112. Burmeister, Genera insectorum. *Berlin*, 1838-1846 (texte latin). 1 vol. in-8, orné de 40 planches coloriées ; demi-rel.

Tome premier seul.

113. Fauna insectorum Europæ, auctore Ahrensio, continué par E.-F. Germar (texte latin). *Hallæ, s. a.* 24 fascicules, format in-12 oblong ; reliés en veau en 6 vol., même format, contenant 600 planches coloriées.

114. Le Monde des insectes, par Henri Berthoud. *Paris, Garnier, s. d.* In-8, orné de 8 planches et de 280 vignettes ; demi-rel.

115. Histoire naturelle des aptères, par Walckenaër. *Paris, Roret*, 1835-1847. 4 forts vol. in-8, demi-rel., ornés de 10 planches noires et de 42 planches coloriées, celles-ci représentant environ 300 sujets in-8, demi-rel.

116. Histoire naturelle des punaises de l'Europe, l'Asie, l'Afrique et l'Amérique, par Stoll. *Amsterdam,* 1788 (texte hollandais et français en regard). 1 vol. grand in-4, orné de 44 planches coloriées représentant 373 sujets ; veau.

117. Entomologie ou histoire naturelle des insectes coléoptères, par A.-G. Olivier. *Paris*, 1789-1808. 6 forts vol. grand in-4 de texte et 2 vol. d'atlas, même format, contenant 362 planches coloriées représentant 5,365 sujets ; demi-rel. mar. br.

Bel exemplaire.

118. Berge, Kæferbuch (Livre des coléoptères). *Stuttgard*, 1850 (texte allemand). 1 volume in-4, orné de 36 planches coloriées, représentant 1,315 sujets ; chaque planche accompagnée d'un texte explicatif, par Ch. Kœnig ; demi-rel.

119. Catalogue systématique des coléoptères, par
J.-E. Voet. *La Haye*, 1860 (texte latin, français
et hollandais). 2 vol. ornés de 115 planches coloriées, représentant au-delà de 1,000 sujets;
demi-rel.

120. Monographie des cétoines et genres voisins,
par Gory et Percheron. *Paris,* 1833. 1 fort vol.
grand in-8, orné de 7 planches noires et 70 coloriées et retouchées au pinceau, ces dernières
représentant 416 espèces; reliure à la Bradel.

121. Histoire naturelle des coléoptères d'Europe,
par le comte Dejean et Boisduval. *Paris,* 1832-
1837. 5 vol. grand in-8, contenant 269 planches
coloriées et retouchées au pinceau, représentant 1,402 sujets; reliure à la Bradel.

On y a joint le Catalogue de la collection Dejean.

122. Histoire naturelle des coléoptères de France,
par Mulsant. *Paris*, 1839, 2 vol. in-8, demi-rel.
mar.

123. Les Coléoptères de la Suisse, par Labram. *Bas-
le, s. d.* (texte allemand). Réunis en 20 fascicules,
1 fort vol., orné de 133 planches coloriées, suivies
d'une table alphabétique manuscrite; demi-rel.

124. Les Coléoptères de l'Allemagne, par Sturm.
Nuremberg, 1805-1853 (texte allemand). 22 vol.
pet. in-8, ornés de 408 planches coloriées et
retouchées au pinceau; cartonnés.

125. Les Diptères, par Schellenberg. *Zurich,*
1803 (texte français et allemand en regard). 1 vol.,
orné de 42 planches coloriées, représentant
375 sujets; cartonné.

126. Histoire naturelle des diptères, par Meigen.
Hamm, 1822-1838, et *Hall,* 1851 (texte allemand).
7 vol. reliés en 6, plus 1 vol. d'atlas, composé
de 74 planches coloriées représentant environ
2,000 sujets; demi-rel.

127. Histoire naturelle des diptères, par Macquart. *Paris, Didot,* 1833-1835. 2 forts vol. in-8, demi-rel., ornés de 24 planches coloriées représentant 175 sujets.

128. Histoire naturelle des insectes hémiptères, par C. W. Hahn. *Nuremberg,* 1831-1852 (texte allemand). 9 vol. reliés en 5, ornés de 324 planches coloriées, représentant 1,010 sujets ; reliure moderne.

129. Histoire naturelle des hémiptères, par Audinet-Serville. *Paris, Roret,* 1833. 1 fort vol. in-8, demi-rel. orné de 12 planches coloriées et retouchées au pinceau, représentant 119 sujets.

130. Les Hylophthires et leurs ennemis, ou Histoire des insectes utiles et nuisibles aux forêts, par Ratzeburg. *Leipsick,* 1802, 1 vol. in-8, orné de 6 planches coloriées représentant 110 sujets ; cartonné.

131. Histoire naturelle des Hyménoptères, par Lepelletier de St-Fargeau. *Paris, Roret,* 1836-1846. 4 forts vol. in-8, demi-rel., ornés de 8 planches noires et de 40 planches coloriées, ces dernières représentant 262 sujets.

132. Nouvelle Méthode de classer les hyménoptères et les diptères, par Jurine. *Genève,* 1807. 1 vol. in-4, orné de 5 planches noires et de 9 planches coloriées ; cartonné.

133. Les Papillons représentés d'après nature, par J.-C. Esper. *Erlangen,* 1777-1786 (texte allemand). 6 vol., ornés de 254 planches coloriées représentant 1,578 sujets ramenés à la nomenclature actuelle, par Ch. Kœnig.

134. Histoire des Papillons d'Europe, par Engramelle, peints d'après nature par Ernst. *Paris,* 1779-1790. 8 volumes grand in-4 reliés en 4 ; plus 2 forts vol. d'atlas, contenant 342 planches coloriées représentant 2,955 sujets ramenés à la

nomenclature actuelle, par Ch. Kœnig, suivis
d'une table alphabétique par le même ; cartonnés.

135. Les Papillons exotiques de l'Asie, l'Afrique et
l'Amérique, rassemblés et décrits par Pierre Cra-
mer. *Amsterdam*, 1779-1791, texte hollandais et
français en regard. 5 vol. grand in-4, plus 5 vol.
d'atlas, même format, demi-rel., contenant
442 planches coloriées et retouchées au pinceau,
représentant 3,203 sujets.

136. Histoire naturelle des lépidoptères de France,
par Godart, continuée par Duponchel. *Paris*,
1821-1842. 16 tomes en 18 vol., ornés de 543 planches coloriées représentant 3,604 sujets ; reliure
à la Bradel.

137. Le Collecteur de lépidoptères, par Schænkel
et Klier, de Mayence. 1 vol., orné de 32 planches
coloriées représentant 236 sujets ; demi-rel.

138. Calendrier des Lépidoptères, par J.-J. Schott.
Francfort, 1830 (texte allemand). 1 vol., orné de
7 planches coloriées, représentant 35 sujets ;
demi-rel.

139. Vade-mecum des lépidoptères, par Lucas.
Paris, 1838. 1 vol., orné de 8 planches doubles
coloriées ; broché.

140. Les Lépidoptères de la Suisse (texte allemand).
1 vol. in-12, contenant 80 planches coloriées ;
demi-rel.

Le titre manque.

141. Berge, Schmetterlingsbuch (Livre des papillons).
Stuttgard, 1851 (texte allemand). 1 vol. in-4, orné
de 52 planches représentant 1,100 sujets colo-
riés et 162 en noir ; cartonné.

142. Les Métamorphoses des chenilles, par Maria-
Sibylla Merian. *Nuremberg*, 1679 (texte allemand),
in-4, orné de 50 planches coloriées ; vélin.

143. Histoire des chenilles, par Duponchel et Guérin. *Paris*, 1849. 2 vol., ornés de 92 planches coloriées représentant 454 sujets; reliure à la Bradel.

144. Histoire naturelle des Névroptères, par Rambur. *Paris, Roret*, 1842. 1 fort volume in-8, demi-rel., orné de 1 planche noire et de 11 planches coloriées, ces dernières représentant 89 sujets.

145. Libellulinæ Europeæ, auctore Toussaint de Charpentier. *Leipsick*, 1840 (texte en latin). 1 volume grand in-4, orné de 48 planches coloriées représentant 140 sujets; cartonné.

146. Histoire naturelle des Orthoptères, par Audinet-Serville. *Paris, Roret*, 1839. 1 fort vol. in-8, demi-rel. orné de 14 planches coloriées et retouchées au pinceau.

147. Les Orthoptères, par Toussaint de Charpentier. *Leipsick*, 1841-1845 : texte allemand. 1 vol., orné de 60 planches coloriées et retouchées au pinceau, représentant 132 sujets; demi-rel.

148. Histoire naturelle des cigales de l'Europe, l'Asie, etc. (texte hollandais et français). *Amsterdam*, 1788. Grand in-4, v. 29 *planches coloriées*.

149. Histoire naturelle des spectres, mantes, sauterelles, criquets et blattes qui se trouvent en Europe, Asie, Afrique et Amérique, par Stoll. *Amsterdam*, 1813 (texte hollandais et français en regard). 2 vol. grand in-4, ornés de 70 planches coloriées représentant 313 sujets; demi-rel.

150. Histoire naturelle des Mollusques terrestres et fluviatiles, par Ferussac et Deshayes. *Paris, Baillière*, 1820-1851. 5 vol., dont 2 d'atlas, composés de 247 planches coloriées et retouchées au pinceau, représentant au-delà de 3,000 sujets; demi-rel. chag.

151. Histoire naturelle des mollusques terrestres et d'eau douce par Dupuy. *Paris, Victor Masson,* 1847-1852. 2 vol. de texte, plus 1 vol. d'atlas composé de 31 planches représentant 388 sujets; reliure moderne.

152. Iconographie des mollusques terrestres et d'eau douce, par E.-A. Rossmæssler. *Dresde et Leipsick,* 1835-1844 (texte allemand). 12 fascicules reliés en 2 vol., ornés de 60 planches coloriées représentant 780 sujets; demi-rel.

153. Histoire naturelle des mollusques terrestres et fluviatiles de la France, par Draparnaud. *Paris, s. d.,* in-4, 13 *planches.* Complément, 1831, 3 pl. 2 part. en 1 vol. in-4, demi-rel.

154. Galerie des mollusques et coquilles, par Potiez et Michaud. *Paris,* 1838-1844. 2 volumes ornés de 70 planches représentant 474 sujets; demi-reliure.

155. Manuel de conchyliologie, par Blainville. *Paris,* 1825-1827. 1 vol. in-8 de texte et 1 vol. d'atlas contenant 103 planches coloriées représentant 539 sujets; cartonnés.

156. Conchilien-Cabinet, par Martini et continué par Chemnitz. *Nuremberg,* 1779-1788 (texte allemand). 10 forts vol. grand in-4, ornés d'un grand nombre de figures insérées dans le texte; plus 2 vol. d'atlas, même format, renfermés dans un étui et contenant 366 planches coloriées représentant 3,711 sujets ramenés à la nomenclature actuelle par Ch. Kœnig; demi-rel.

157. Mulleri Insecta testacea. *Leipsick,* 1785 (texte latin). 1 vol. in-4, orné de 21 planches coloriées représentant 175 sujets; cartonné.

158. Traité élémentaire de conchyliologie, par Deshayes. *Paris,* 1839. 2 vol. in-8 de texte reliés en un seul, plus 1 vol. d'atlas contenant 106 plan-

ches coloriées et retouchées au pinceau, représentant 1,338 sujets ; demi-rel.

159. Recueil de coquillages nouveaux ou peu connus, par Philippi. *Cassel*, 1845-1847 (texte allemand). 2 vol. grand in-4, ornés de 96 planches contenant 820 sujets ; cartonnés.

160. Berge, Conchylienbuch. *Stuttgard*, 1855 (texte allemand). 1 vol., orné de 46 planches coloriées représentant 726 sujets ; cartonné.

161. Manuel de conchyliologie par Chenu. *Paris*, 1859 à 1862. 2 forts vol. grand in-8, ornés de 4,436 figures dont un certain nombre coloriées ; demi-rel.

162. Species général et Iconographie des coquilles vivantes, par Kiener. *Paris, Baillière, s. d.* 10 forts vol. grand in-8, ornés de 824 planches coloriées et retouchées au pinceau représentant 4,582 sujets ; demi-rel., mar.

163. Conchyliologie minéralogique de la Grande-Bretagne, traduite de l'anglais par Desor, avec notes de L. Agassiz. *Soleure*, 1845. 2 forts vol. in-8, demi-rel., ornés de 395 planches coloriées représentant 2,793 sujets.

164. Histoire naturelle des vers, des zoophytes et des mollusques, par Bruguière. *Paris*, 1789-1832, 4 vol. de texte et 3 vol. d'atlas contenant 488 planches représentant 4,185 sujets ; demi-reliure.

165. Histoire naturelle des vers intestinaux, par Dujardin. *Paris, Roret*, 1845. 1 fort vol. in-8, orné de 12 planches coloriées représentant 279 sujets ; demi-rel.

166. Histoire naturelle des infusoires, par Dujardin. *Paris, Roret*, 1841. 1 fort vol. in-8, demi-rel., orné de 22 planches coloriées représentant 311 sujets.

167. Histoire naturelle des zoophytes, par Lamou-
roux. *Paris*, 1824. 1 fort vol. in-4, demi-rel.

168. Histoire naturelle des zoophytes acalèphes,
par Lesson. *Paris, Roret*, 1843. 1 vol. in-8, demi-
rel., orné de 12 planches coloriées représentant
80 sujets.

169. Histoire naturelle des coralines et autres pro-
ductions marines, par Ellis. *La Haye*, 1756. In-4,
orné de 40 planches représentant 238 sujets ;

170. Les Coralines, madrépores et autres produc-
tions marines, par Esper. 2 très-forts vol. in-4
contenant 594 planches coloriées, dont les sujets
ont été ramenés à la nomenclature actuelle par
Ch. Kœnig. ; demi-rel.

5. AGRICULTURE.

171. Dictionnaire des jardiniers, traduit de l'anglais
par Miller, avec supplément. *Paris*, 1785. 10 vol.
in-4, ornés d'un grand nombre de planches ;
veau.

172. Ampélographie rhénane, par Stoltz. *Paris* et
Mulhouse, 1852. 1 vol., orné de 32 planches coloriées ; demi-rel.

173. Études des vignobles de France, par le docteur
Jules Guyot. *Paris, Vict. Masson.* 1868. 3 vol.
in-8, br.

ÉCRITURE SAINTE. — BELLES-LETTRES. HISTOIRE.

174. La Bible populaire. *Paris, Hachette,* 1864-1865. 2 vol. illustrés de 700 gravures; reliure moderne.

175. Le Catholique, magasin religieux. *Paris,* 1837, 1 vol. orné de 70 planches sur acier; cartonné.

———

176. Code général français, par Desenne, contenant les lois et décrets publiés depuis le 5 mai 1789 jusqu'au 8 juillet 1815, avec une table alphabétique. *Paris,* 1818-1825. 22 vol. in-8; demi-rel.

177. Les Crimes célèbres, par Alex. Dumas, *Paris,* 1842-1846. 8 vol. ornés de 32 planches; demi-reliure.

178. Lettres à Sophie sur la physique, etc., par Aimé-Martin. *Paris,* 1822. 2 vol. in-8, ornés de 6 planches coloriées; demi-rel.

179. Le Lavater portatif. *Paris,* 1813-1815. 2 vol. in-18, demi-rel., ornés de 35 planches noires et de 64 planches coloriées.

———

180. La Danse des morts, gravée par Mérian. *Francfort, s. d.* In-4, cart. fig.

181. Portraits des personnages illustres des derniers temps et des contemporains, avec leurs signatures autographes. *S. l. n. d.,* 2 vol. grand in-8 contenant 231 planches; demi-rel.

182. Recueil de caricatures. 1 vol. grand in-4 composé de 64 planches; demi-rel.

183. Le Diable à Paris. *Paris,* 1845-46; édition illustrée de Gavarni. 2 forts vol. grand in-8,

ornés de 210 planches et de 725 vignettes ; cartonnés.

184. Orbis pictus, authore Lauckhard. *Leipzig*, *s. d.* 3 vol. in-4 ; cart.

185. Bilder–Gallerie. *Fribourg (en Brisgau)*, 1824. 4 parties en 1 vol. grand in-4, contenant 228 planches représentant 3,212 sujets (texte allemand) ; cartonné.

186. Deutsches Familienbuch. *Carlsruhe*, 1843-45 (texte allemand). 3 vol., ornés de 144 planches dont 48 coloriées ; demi-rel.

187. L'Ami de la maison, édition illustrée. *Paris*, 1856-57. 2 volumes ornés de 500 vignettes ; reliure à la Bradel.

188. L'Univers illustré. 1866-68. 3 vol. in-fol., demi- rel. fig.

189. Le Monde illustré, janvier à juin 1861. 1 fort vol., orné de dessins et vignettes ; demi-rel. mar. r.

190. Essai sur l'architecture, par Laugier. *Paris*, 1755. 1 vol. orné de 8 planches ; demi-rel.

191. Éléments d'architecture, par Ponseron. *Paris*, 1776. 3 vol. réunis en un seul, orné de 89 planches.

---

192. Dictionnaire national, par Bescherelle, 7mo édition. *Paris, Garnier*. 2 forts vol. grand in-4 ; cartonnés.

193. Ovidii Metamorphoseon libri. *Francofurti*, 1567. Pet. in-8, orné d'un grand nombre de gravures sur bois; p. de tr.
Titre déchiré.

194. Les Métamorphoses d'Ovide, représentées en 226 tabl., par Ulrich Krauss d'Augsburg. 1 vol. composé de 113 planches ; demi-rel.

195. Les Fastes d'Ovide, traduits en vers français par Desaintange avec le texte latin en regard. *Paris*, 1804. 2 vol., demi-rel.

196. Les Amours de Catulle, traduits en vers français avec le texte en regard. *Paris*, 1753. 2 vol. in-12, ornés de planches; veau.

197. Les Amours de Tibulle, traduits en vers français avec le texte latin en regard. *Paris*, 1732. 3 vol. ornés de planches ; reliure en veau.

198. Élégies de Tibulle, traduites en français avec le texte latin en regrad. *Tours* et *Paris, an III* et *an VI.* 3 vol. ornés de 14 planches ; veau.

199. Satires de Juvénal, traduites en vers français par Fabre de Narbonne. *Paris*, 1825. 3 vol. in-8, demi-rel.

200. Fables de la Fontaine, traduites en vers latins par Giraud, avec le texte français en regard. *Paris*, 1775. 2 vol.; veau.

201. La Colombiade, suivie du Paradis terrestre, poëmes en vers français, par Mme Dubocage. *Lyon*, 1753, 1 vol. in-8 orné de 10 planches. veau.

202. Les Saisons, poëme en vers français (par Saint-Lambert). *Amsterdam*, 1773, 1 vol. in-8, pl. veau.

203. L'Agriculture, poëme, par Rosset. *Paris*, 1774, 1 vol. in-4 orné de planches.

204. OEuvres de Delille. *Paris, Michaud*, 1802-1822, 15 vol. in-12 ornés de planches, d.-rel.

205. La Divina Comedia di Dante. *Florence*, 1821, texte italien. 1 fort vol. in-8, cart.

206. La Jérusalem délivrée, traduite en vers français par Baour-Lormian. *Paris, Didot l'aîné*, 1796, 2 vol. gr. in-4, ornés de 21 planches d'après Cochin, cart. n. rognés.
Bel exemplaire en papier vélin.

207. La Jérusalem délivrée, trad. nouv. de Philippon de la Madelaine. *Paris*, 1841, 1 vol. gr. in-8 orné de 20 planches et de 178 vign., cart.

208. OEuvres de lord Byron, trad. par Am. Pichot. *Paris, Turin*, 1836, 6 vol. ornés de 13 planches, cart.

209. OEuvres de Shakespeare. *Paris*, 1836, 2 forts vol. gr. in-8, cart.

210. Éloge de la Folie, par Érasme. *Bâle*, 1780, in-8, orné du portrait d'Erasme et de 82 figures gravées d'après les dessins de Jean Holbein, cart.

211. Histoire de Gilblas de Santillane. *Paris, Paulin*, 1835, 1 fort vol. illustré de 583 vignettes et culs de lampes, demi-rel.

212. OEuvres de l'abbé Prévost. *Paris*, 1810. 10 vol. in-8, demi-rel.

213. Romans et contes de Voltaire. *Bouillon*, 1778, 3 vol. in-8 ornés de 50 pl., bas.
Rare.

214. Paul et Virginie et la Chaumière indienne, édit. de Curmer. *Paris*, 1838, 1 fort vol. gr. in-8 orné de 38 pl. et de 440 vign., demi-rel.

215. OEuvres complètes de Balzac. *Paris, Furne*, 1842–1846, 16 vol. in-8 ornés de 128 pl., demi-rel.

216. Le Vicomte de Bragelonne. par Alexandre Dumas. *Paris*, 1852, 1 vol. illustré de 113 grav., demi-rel.

217. Romans choisis d'Élie Berthet. 1 vol. de 664 p., in-4, demi-rel, figures.

218. Les Misérables de Victor Hugo, illustrés de 200 dessins de Brion. *Paris*, 1866, 1 fort vol. in-4, demi-rel.

219. Aventures de Robinson Crusoé, édit. illustrée par Granville. *Paris*, 1840, 1 fort vol. orné de 40 pl. et de 162 vign., demi-rel.

220. Les Mille et une Nuits, illustrées de 171 vign. *Paris*, 1865, 1 fort vol. gr. in-8, demi-rel.

221. Auli Gellii Noctium atticarum libri XIX. *Bâle*, 1519, texte en latin, 1 fort vol. in-4, veau.

222. OEuvres complètes de J.-J. Rousseau. *Paris, Furne*, 1835-1836, 4 forts vol. gr. in-8 ornés de 24 pl.; cart. rog.

223. OEuvres complètes de Florian. *Paris*, 1800-1812, 24 vol. ornés d'un grand nombre de pl., réunis en 12 vol., veau.

224. OEuvres complètes de Voltaire. *Paris*, 1817-1821, 56 vol. in-12 ornés d'un grand nombre de pl., demi-rel.

---

225. Dictionnaire universel d'histoire et de géographie, par Bouillet. *Paris, Hachette*, 1866, 2 vol. gr. in-8, demi-rel. mar.

226. Cosmographia universalis Munsteri. *Bâle*, 1572, 1 fort vol. in-fol. contenant 28 pl. et cartes et au-delà de 800 sujets gravés sur bois, représentant les principales villes de l'Europe ; peau de truie.

227. Dictionnaire de géographie moderne, par Perrot et Aragon. *Paris*, 1843, 2 vol. in-4 réunis en un seul, ornés de 59 cartes coloriées, demi-rel.

228. Le Nouvel Atlas, ou Théâtre du monde contenant la description de toutes les régions du globe, par Jean Jannson. *Amsterdam*, 1642-1652, 5 vol. gr. in-fol., ornés de 430 cartes coloriées avec les armoiries des diverses maisons régnantes et la représentation en sujets enluminés des COSTUMES DES ANCIENS HABITANTS DES DIVERSES CONTRÉES. Ancienne reliure en parchemin dorée sur tranches.

229. Atlas de géographie ancienne et romaine, par Dufour, 1 vol. gr. in-4 composé de 12 cartes en double format, demi-rel.

230. Grand Atlas composé de 171 cartes de divers formats, 1 fort vol. d'un très-grand format in-fol. demi-rel.

231. Atlas universel de Lapie. *Paris*, 1829, 1 vol. gr. in-fol., orné de 50 cartes, demi-rel.

232. Description générale de l'Europe, par d'Avity. *Paris*, 1643, 3 vol. avec cartes, veau.

233. Atlas de la France. *Paris*, 1802, 1 fort vol. comprenant 9 tableaux et 101 cartes, demi-rel.

234. Atlas national illustré des 86 départements et des possessions de la France, avec le tracé de toutes les routes, chemins de fer et canaux, par Levasseur. *Paris*, 1845, 1 vol. in-fol. contenant 93 cartes ; reliure moderne.

235. Topographie des localités les plus intéressantes de l'Afrique, par Angelo Sipmann. *Darmstadt*, 1744, in-fol. obl., 115 planches.
Le titre manque.

236. Voyage de Néarque, ou Journal de l'expédition de la flotte d'Alexandre, trad. de l'anglais. *Paris, an VIII*, 1 fort vol. gr. in-4 orné de cartes, demi-rel.

237. Le Tour du monde, par Charton, années 1860, 61 et 62, 6 vol. ornés d'au-delà de 1,200 gravures, cartes et plans, reliure à la Bradel.

238. Voyage autour du monde, par M. J. Arago. *Paris*, 1839-1842, 6 vol. in-8 ornés de 60 pl., demi-rel.

239. Guide pittoresque du voyageur en France. *Paris*, 1838, 6 forts vol. in-8 ornés de 740 pl., de 86 cartes des départements et d'une grande carte routière de la France, demi-rel.

240. Voyages en France et autres pays en vers et en
prose. *Paris*, 1824, 5 vol. in-18 ornés de 36 pl.,
demi-rel.

241. Les Costumes nationaux de France, 1 fort
vol. contenant 92 pl. noires et 248 pl. coloriées
et retouchées au pinceau, demi-rel.
Gravures des FRANÇAIS PEINTS PAR EUX-MÊMES.

242. Voyages dans les Alpes, par de Saussure. *Genève*, 1787, et *Neuchâtel*, 1796, 8 vol. ornés de
21 grandes cartes et planches doubles; reliure
moderne.

243. Voyages du duc de Raguse. *Paris*, 1839,
5 vol. in-8 avec atlas in-4, composé de 12 vues,
8 grandes cartes et du portrait de l'auteur.

244. Voyage pittoresque de Stockholm à Gothen-
bourg sur le canal de Gotha et ses environs, en
24 vues. *Stockholm*, 1843, 1 vol. petit in-fol. obl.,
cart.

245. Voyage au Cap nord, etc., par Acerbi. *Paris*,
1804, 3 vol. in-8 ornés de 27 grandes planches et
d'une grande carte, cart.

246. La Syrie, la Terre sainte, l'Asie Mineure, illustrées, trad. de l'anglais. *Londres*, *Fisher*, 3 vol.
in-4, demi-rel., *figures sur acier*.

247. Voyages de Paterson et de Bruce dans l'A-
frique australe. *Paris*, 1792, in-4, orné d'une
carte et de 62 pl. dont 19 doubles, demi-rel.

248. Voyage d'Égypte et de Nubie, par Norden.
Paris, 1795 à 1798, 3 forts vol. gr. in-4 ornés de
166 pl. et cartes, demi-rel.

249. Le Brésil, par Ferdinand Denis. *Paris*, 1822,
6 vol. in-18, ornés de 48 pl. — La Perse, 1823,
7 vol. in-18 ornés de 54 pl. — L'Autriche, 1821,
6 vol. 48 pl. — L'Indostan, 1816, 6 vol. 104 pl.
Ensemble, 25 vol. in-18, demi-rel.

250. Histoire d'Hérodote, trad. du grec par Larcher. *Paris*, 1786, 7 vol. in-8, demi-rel.

251. Histoire de la fondation de Rome. *Rouen*, 1740, 2 vol. pet. in-8, ornés de 20 cartes et planches.

252. Histoire de la décadence et de la chute de l'empire romain, par Gibbon.*Paris*, 1837, 2 vol. g. in-8, demi-rel.

253. Histoire populaire de France. *Paris*, 1862-1863 ; édition illustrée ornée de 1,652 vignettes. 4 vol. gr. in-8 réunis en 2 ; demi-rel.

254. Histoire populaire contemporaine de la France. *Paris*, 1864-1866; édition illustrée de 1,200 vignettes. 4 vol. gr. in-8, demi-rel.

255. Histoire du Consulat et de l'Empire, par Thiers. *Paris*, 1845-1851. 11 vol. in-8, demi-rel.

256. Histoire impartiale du procès de Louis XVI. *Paris*, 1793. 1 fort vol. in-8, demi-rel.

257. L'Allemagne romantique et pittoresque. *Paris*, 1832, 2 vol. réunis en un seul ornés de 60 planches ; demi-rel.

258. Mémoires historiques, politiques et militaires sur la Russie, par le général de Manstein. *Lyon*, 1772 ; 2 vol. in-8 ornés de 10 grandes cartes, veau.

---

259. Dictionnaire biographique, par Cailleau et Brunet. *Paris*, 1790-1802. 4 forts vol. in-8, demi-rel.

260. Maître Pierre, ou le Savant de village. 17 vol. in-18, demi-rel.

261. Encyclopédie des gens du monde. *Paris*, 1833-1844. 44 t. en 22 forts vol. in-8, demi-rel.

262. Buch der Welt (Recueil encyclopédique). *Stutt-gard*, 1842-1867 (texte allemand). 26 volumes in-4 reliés en 13, ornés de 336 planches noires et de 864 planches coloriées, ces dernières représentant au-delà de 5,000 sujets ; reliure moderne.

263. Encyclopédie moderne. *Paris, Didot*, 1846-1851. 27 vol. in-8 reliés en 14, plus 3 vol. d'atlas composés de 407 planches ; demi-rel.

264. Encyclopédie nationale, par une société de savants et d'hommes de lettres. *Paris*, 1853-1857. 4 vol. illustrés de 1,200 vignettes, les 4 vol. réunis en 2, demi-rel.

265. Dictionnaire de la conversation. *Paris, Plon*, 1855. 10 volumes illustrés de 1,200 vignettes intercalées dans le texte ; cartonnés.

266. Encyclopédie, ou Dictionnaire raisonné des sciences, des arts, etc. (par Diderot et d'Alembert). *Neuchâtel*, 1765. 35 vol. reliés en veau, dont 12 vol. de planches.

ALSACE.

267. Description de l'Alsace, par Aufschlager. *Strasbourg*, 1826. 2 forts vol. ornés de 9 planches, 2 cartes et 1 plan ; demi-rel.

268. Statistique générale du département du Haut-Rhin, par la Société industrielle de Mulhouse, mise en ordre par Achille Penot. *Mulhouse,* 1831. 1 vol. in-4, demi-rel.

269. Description géologique et minéralogique du département du Haut-Rhin, par J. Delbos et J. Kœchlin-Schlumberger. *Mulhouse*, 1867, 2 vol. gr. in-8, br.

270. La Chronique de Kœnigshaven, depuis la création jusqu'en 1386. *Strasbourg*, 1698, 2 vol. in-4, v. br., *figures*.

271. Histoire de la province d'Alsace depuis Jules César jusqu'au mariage de Louis XV, par Laguille. *Strasbourg*, 1727, 1 vol. in-fol. v.

Mouillures et raccommodages.

272. Histoire des dix villes libres d'Alsace, selon Schœpflin. *Colmar*, 1825-1829. 4 volumes in-12 demi-rel. réunis en 2.

273. L'Alsace ancienne et moderne, par Baquol. *Strasbourg*, 1851, 1 vol· in-8 orné d'une carte et de 10 planches dont 4 coloriées; demi-rel.

274. Recueil des ordonnances d'Alsace (vers 1740). 1 volume in-fol. rel. Le titre manque.

275. Flore d'Alsace, par Kirschleger. *Strasbourg*, 1336. 1 vol. in-12, demi-rel.

276. Vues pittoresques de l'Alsace, par Rothmüller. *Colmar*, 1 fort vol. gr. in-4, orné de 124 planches; demi-rel.

277. Musée pittoresque et historique d'Alsace, par Levrault de Morville et X. Mosman. *Colmar*, 1863. 1 vol. grand in-4, orné de 105 planches dessinées par Rothmüller; demi-rel.

278. Essais historiques et topographiques sur l'église cathédrale de Strasbourg, par Grandidier. *Strasbourg*, 1792, 1 vol. in-12 relié en veau.

---

279. Sous ce numéro on vendra environ 200 vol. rel., ouvrages de littérature et de science.

FIN

ORDRE DES VACATIONS.

PREMIÈRE VACATION. — *Lundi* 19 *octobre* 1874.

Nᵒˢ 1 à 173

DEUXIÈME VACATION. — *Mardi* 20 *octobre*.

174 à 279

LIVRES EN LOTS.

CONDITIONS DE LA VENTE.

La vente se fera expressément au comptant.

Il y aura chaque jour de vente, de DEUX à QUATRE heures, exposition des livres composant la vacation du soir.

Les adjudicataires payeront, en sus des adjudications, *cinq pour cent* applicables aux frais.

M. Adolphe LABITTE se chargera de remplir les commissions des personnes qui ne pourraient assister à la vente.

Paris. — Imprimerie de Georges Chamerot, rue des Saints-Pères, 19.